흐엉 씨의 두부

시작시인선 0551 흐엉 씨의 두부

1판 1쇄 펴낸날 2025년 11월 7일

지은이 김설희
펴낸이 이재무
기획위원 김춘식, 유성호, 이형권, 임지연, 차성환, 홍용희
편집 이호석, 박현승
편집디자인 김지웅, 장수경
펴낸곳 (주)천년의시작
등록번호 제301-2012-033호
등록일자 2006년 1월 10일
주소 (03132) 서울시 종로구 삼일대로32길 36 운현신화타워 502호
전화 02-723-8668
팩스 02-723-8630
블로그 blog.naver.com/poemsijak
이메일 poemsijak@hanmail.net

ⓒ김설희, 2025, printed in Seoul, Korea

ISBN 978-89-6021-829-1 04810
  978-89-6021-069-1 (세트)

값 11,000원

*이 책 내용의 전부 또는 일부를 재사용하려면 반드시 저작권자와 (주)천년의시작 양측의 동의를 받아야 합니다.
*잘못된 책은 바꾸어 드립니다.
*지은이와 협의하에 인지는 생략합니다.

흐엉 씨의 두부

김설희

시인의 말

해 저물기 전에
해야 할 일은 해야 한다

하지 못하고 다음으로 넘어간 일들이 많았다

비루한 이유라면
게으름일 수도 있다
아직 덜 익었다는 생각일 수도 있다

넘어가고 넘어가서 모인 것들이
자꾸 밖을 본다
어쩔 수 없이 밖으로 내보낸다

차 례

시인의 말

제1부

하얀 불놀이 ——— 12
가장 작은 방 ——— 14
약도 ——— 16
흐엉 씨의 두부 ——— 18
바둑 ——— 20
왜 밝은 쪽에선 볼 수 없을까 ——— 22
고(故) ——— 24
빵 ——— 26
열정 3악장 ——— 28
암막 커튼 ——— 30
도마 앞에서 ——— 32
거기 ——— 34
개미 한 마리 등이 따갑도록 ——— 36
켤레 ——— 38

제2부

파도가 굽이쳐요 ——— 40
모자로 햇빛을 가린 남자가 자전거를 굴린다 ——— 42
소금을 바다로 되돌려 주기 ——— 44
부러진 연필심 ——— 46
수술실 앞에서 ——— 48
이상한 놀이터 ——— 50
얼룩에 대하여 ——— 52
일월 ——— 54
저 독한 냄새는 누구의 일인가 ——— 56
벚꽃 만개한 북천의 기다란 둔덕이 걸어간다 ——— 58
고드름에 대한 한 생각 ——— 60
숲을 열어 물 마시고픈 나이 많은 아이는 ——— 62
가시는 바깥으로 자란다 ——— 64
밥 끓는 소리 ——— 66

제3부

처음 가는 장소라면 어디든지요 ——— 68
도루묵 ——— 70
고추밭에서 ——— 72
사춘기 시절 ——— 74
이브닝 ——— 76
관계 ——— 78
어처구니없이 어처구니를 ——— 79
그늘을 밟은 날 ——— 80
언저리가 중심을 만든다 ——— 82
비와 햇빛 사이에 무지개 ——— 83
흰 것들에 대하여 ——— 84
칼 이야기 ——— 86
혼돈 ——— 88
꽃이 지는 날 여자는 ——— 90

제4부

교차로의 볼록거울 ──── 94

우물 ──── 96

그런 날 ──── 98

흔들린다, 민들레 ──── 100

별안간 ──── 102

담장 ──── 104

톱니 자국 ──── 106

서랍을 여니 ──── 108

두부 ──── 110

치킨집 앞에서 ──── 112

기름집이 있는 골목 ──── 114

단추와 단춧구멍 ──── 116

스프링일까 ──── 118

당신의 젠가 게임 ──── 120

해 설

박찬선 상황인식과 관계의 시학 ──── 122

제1부

하얀 불놀이

흰 눈 허리만큼 쌓인 곳에서 불놀이를 한다면
거기로 여행 갈까 우리

불운을 물리친다는 핑계로 우리도 불을 붙여 볼까
흰 눈에 불이 붙어
눈과 불이 싸운다면

눈이 먼저 녹을까
불이 먼저 꺼질까

어쨌든 싸움은 구경거리가 될 수 있고
사람들을 몰려들게 하지

그거 알고 있니?
불은 언제나 밑에서 위로 오르고
안에서 밖으로 퍼져 나간다는 거

그렇다면
눈을 하얗게 덮어쓰고 있는 나뭇가지를
불놀이의 결말이라고 해도 될까?

어떤 사랑처럼 끝내
안에서 밖으로 터져 나온 거라고

해가 중천에 떠오르면
가지가 가벼워지고
나무도 가벼워지고
그 열렬함도 가벼워져

그저 가볍고 차갑고 흰 것이 되어

불이 눈처럼 녹는 곳이나
눈이 불처럼 꺼지는 곳에서

사랑 한번 해 볼까 우리

가장 작은 방

사각 액자 속에서
아픈 적 없었던 것처럼 활짝 웃고 있는 여자

액자는 무엇인가를 가둔다
여자를 80년 동안 꼼짝 못 하게 옥죄는 일은
그녀가 붙들고 살았던 온갖 테두리의 일이었다

한 남자에게 갇히고
세 아들에게 갇히고
넓은 들에 갇히고
좁은 통장에 갇히고

이제는 액자 속에 갇힌 여자에게
국화 한 송이 바치고 절하는 동안

그녀 액자에서 나와 꽃 한 송이 받아들지 못했다

그녀는 언제나 그랬다
밥솥에 갇혀 59년
양말 서랍에 갇혀 55년

세 아들 도시락에 갇혀 25년
혈압약 병에 갇혀 24년

염은 한 시간 동안 계속되었다
아무것도 입지 않고
아무것에도 갇히지 않은
한 시간의 자유

그리고 여자는 마지막으로
세 아들이 마련해 준 관에 갇혔다
국화 향기와 함께

여자가 살아 본 가장 작은 방에 갇혔다

약도

그 집 마당을 환하게 피우던 꽃이
잔기침처럼 떨어진다
바람 한 점 없는 날

꽃잎에 묻은 흙을 턴다
겹겹 결을 살핀다
떨어지기 전부터 생긴 얼룩이 약도처럼 남아 있다

오래된 지도를 읽는다

길고 낮은 돌담에 기어서 들어가는
바람의 소식이 울퉁불퉁하다
돌 틈에 어둠의 뒤꿈치가 끼어 있다
엉성한 모서리끼리 귀를 맞추고 웅성거린다
첫눈 오고 쌓이고 굵은 가지 부러지고
첫아이의 첫발자국 지워지고 생기고 또 생기고

다 찾아낼 수 없는 끝없는 길
링거 몇 줄이 따라간다
폐 속에 하얗게 내린 눈

땅을 잃어버린 꽃 한 송이가 쿨럭거린다

흐엉 씨의 두부

도마에서 두부를 자른다
칼끝을 압력솥 쪽으로 놓고 자른다
정수기 쪽으로 놓고 자른다

어디로 놓고 자르든
물컹한 두부도 각을 세운다

칼 지나간 자리
두 개의 선분이 맞닿은 곳

꼭짓점이 두부의 말랑말랑한 각 같은 것이라면

우리 식탁에 앉을 때 힘주지 말자
식탁이 물컹물컹할지도 모르니까

도마도 싱크대도
프라이팬도 반찬통도

두부처럼 말랑말랑한 각을 가졌을지도 모르니까
우리 칼 쥔 손에 힘을 빼자

그러면 우리 집 칼끝도 물컹한 모서리가 되어서
우리 집 칼로는 과일을 썰 수 없게 될까
두부밖에는 자르지 못하는 걸까

집 안의 모서리들이 모두 물컹해지면
식구들 모두 물컹해져서
흐엉 씨가 될까

바둑

이 세계는 선과 선으로 이루어져 있어요
열십자가 뼈대인 무늬들이에요

검거나 흰 몸을 가진 사람들이 누군가의 손에 의해 앞으로 나아가고 뒤로 물러서요
때로 남의 땅을 빼앗기도 하고 내 땅을 빼앗기기도 해요
세상 끝으로 몰리다가도 몽고군처럼 한순간 초원을 정복하죠

이 세계는 이상해요
어떤 손아귀를 벗어나지 못해요
멀리 온 것 같은데 귀퉁이고요
귀퉁이는 또 다른 귀퉁이를 물고 있어요
물고 물린 것들이 줄줄이 이어져 교차점을 만들어요

그러나 아무리 걸어도 교차점을 벗어나지는 못해요
국경선을 넘어 한 교차점을 뛰어넘어도 교차점은 있어요

교차점은 교차로와는 달라요
교차로를 지나 앞으로 나아가지 못하고

흰 돌이 집을 지으면
검은 돌이 집을 빼앗기는

교차점과 교차점이 전부인 세계에서

뼈들은 열십자로 누워 있어요
검은 옷과 흰 옷을 입은 사람들이 뛰어다녀요

어쩐지 손아귀를 벗어나지 못하고요

왜 밝은 쪽에선 볼 수 없을까

온통 유리로 지어진 집이야
긴 머리를 푼 민소매 물고기 한 마리가 빨래를 널고 있어

근데 왜
그 안이 궁금한가
궁금함은 왜 뒷발 들고 또 몸을 낮추게 하는가
요리조리 움직여 들여다보게 하는가

햇빛을 퉁겨 내며 유리가 반짝거리는데
구름 몇 송이 유리에 발을 딛고 있는데
유리 속에는 새 한 마리 없는 가로수가 있는데
잠깐 생을 흘리며 지나가는 낙엽이 있는데

바깥은 왜 바깥만 보여 주는가
유리 두께가 습자지처럼 얇다면 우리는 무엇을 더 볼 수 있을까

어둠이 슬금슬금 내려와
나무 이파리의 얼굴에 묻고 그림자에 몸을 묻으면
안은 살금살금 밝아지지

그러면
다시 기다란 형광등이 보이고
건조대에 걸쳐진 색색의 옷가지들이 보이고
산세베리아 하얀 화분이 보이고
상의를 벗은 채 양손으로 앞을 가린 여자가 보이고

어항 속 물고기 한 마리 보려 했는데
왜 밖이 더 캄캄해져야 하는가

고(故)

이름 앞에 '고' 자를 보면 문득 눈꺼풀을 껌벅거리게 된다
잠깐 겹친 아래위 꺼풀 사이 고여 있던 적요가
슬그머니 고개를 뒤로 젖히게 한다
가만히 올려다본 하늘에서 울컥 쏟아지는 맑고 진득한 물

끈적이는 것들은 눈가에 맺힌다
속눈썹이 젖는다
오래된 가슴앓이 돌멩이 같은 날들
잊어버렸던 얼굴이 불쑥 돋아난다

향이 타며 내놓는 연기가
영정 사진을 잠깐 둥글게 돌다 하늘로 오른다
둥근 것이 구르려면 살이 있어야 한다
바큇살처럼
생은 무엇이 받치고 구르는 힘으로 나아가는가

이불을 짓고 옷을 고르고 멀건 죽을 끓이며
파란 불, 활활 뻐꾹채 붉은 불을 피우고
지붕의 크기를 키우고 색을 바꾸며
어제와 오늘을 수만 장 뒤집었던 손발의 궤도

곱은 손으로 지은 밥을 한술 떠올리던 숟가락은
숨의 바깥일까 안일까
김 오르던 쌀밥을 마주하는 안온한 눈빛은
숨의 바깥일까 안일까

숨을 놓아 버린
이름은
눈시울과 가깝다

빵

버스가 떠나기 직전에 건네주는 빵은 안녕의 다른 말이다
빵이 담긴 가방을 주고받는 손이 가까울 때
서로의 눈빛에 눈빛이 닿아 머무른다

그때, 밤하늘처럼 보이지 않는 먹먹한 것이 코끝에 걸리고
눈물이 핑 돌고
꽃이 피기 직전처럼 말문이 잠깐 막힌다

건네받은 종이 가방에 허기진 배를 채울 빵이 있다
포장을 열기 전에는 모를 빵들은
미지에로의 여행과 같다
버스가 출발해야만 여행의 시작이다

빵의 이름을 떠올리며 가는 길
공갈빵 모카빵 소다빵 크림빵 케이크……
소금 설탕 버터 효모와 뒤섞여 치대인 밀가루의 시간을 찾아간다

촉촉한 눈과 눈꺼풀 사이에 있을 것이다

내일 첫 만남을 기다리는 오늘 밤처럼 설레는 곳에 있을 것이다
땀범벅이 된 노동자의 아침과 점심 사이에도 있을 것이다

마지막 생이 깃든
묘지처럼 부풀어 오른 빵

열정 3악장

달의 옆구리 같은 산업도로에
삼각 빨간 표지판 속에
달리는 차 한 대와 미끄러지는 바퀴의 길이 갇혀 있다

귀가 시간에 갇혀 있던 내가 생각났다
그때 아홉 시는 나를 옴짝달싹 못 하게 가두는 벽이었다

보호라는 명목의 그 촘촘한 우리

단발머리에 살짝 얹힌 나비 핀처럼 훨훨 날고 싶은 마음이
애드벌룬처럼 부푼 생각이
어느 미답을 찾아가려는 설렘이
그 높은 벽 속에 갇혀 있었다

계단 층층이 화초가 놓여 있는 지하 일 층 모모 찻집
열정 3악장을 들으며
피아노 건반을 짚어 가는 손가락이 좁아졌다 넓어지며 춤추는
그 간격과 자유를 생각한다

저 요동치는 감정이 다만 열 개의 손가락에서 태어나다니

박하 같은 시간에 흠뻑 젖은 날

문득 어떤 통금에서 벗어나고 싶다는 생각
아홉 시를 그만 놓치고 싶다는 생각

늦게 돌아오면 머리카락을 싹둑 잘라버리겠다는 말이
새싹처럼 태어나 나는
열이레 달, 커지는 어둠의 면적을 찾아 나선다
넓은 등의 밤을 읽고 싶다는 일탈이 자꾸 밖으로 부른다

암막 커튼

커튼이 창문을 감추었다
꽃 피운 감나무처럼 서 있는 외등 불빛도 삼켰다
창틀이 사각을 잃어버렸다
방이 사각을 잃어버렸다

암막 속에서는
출구를 찾을 수 없다는 점에서
눈뜬 자와 눈감은 자가 같다

밥상 위 숟가락이 은색인지 금색인지
옷걸이에 걸린 옷이 빨강인지 파랑인지
멍멍이가 다친 한 발을 들고 서 있는지 누웠는지
알 수 없어 상상하기 좋은 곳

볼 수 없다는 것은 귀가 넓어진다는 것
커튼을 뚫고 들어오는
지나가는 발소리에 귀가 성큼 자란다
생각의 끝이 구구단처럼 벌어진다

어느 잠잠한 바다를 깨우고 잠재우고,

깨우고 잠재우길 반복하는 거친 파도가 생긴다

파도를 타고 온 태풍의 눈이 어느 숲속을 헤집는지
익지 않은 밤송이가 새파란 가시를 세운 채
바닥에 엎어져 있었다
어린잎들이 붙들고 있는 가느다란 가지가 꺾여 있었다

암막 커튼 속 같은 밤에는
숨죽이며 모은 두 손이 생기고
급하게 불러낸 화살기도가 생기고
얌전히 꿇은 무릎도 생긴다

도마 앞에서

덩어리를 나누는 게 목적이야
도마에 냉동 소 한 덩이를 얹어 놓고
어제 벼린 칼로 자른다

죽은 고깃덩어리가 밀어내는 칼날이
내 검지 끝을 치고 들어오는 찰나
어머나!
한 옥타브 높은 소리가 먼저 공기를 찔렀어!

남의 살을 자를 때
제 손끝도 베이기 십상이지

칼집 많은 도마에는 목 잘리고
꼬리 잘리고 심장이 잘린 것들이 살고 있어
먼 바다의 비린내가
어떤 생의 뿌리들이 껍질들이 살고 있어
숨 잘린 것들이
죽은 듯 살고 있어

죽음의 흔적들로 움푹한 도마

내가 쥔 칼에 베인 나를 생각하며
먼저 간 목숨을 떠올린다

옆집에는 흥겨운 노랫가락이 흘러나오는데
떠도는 영혼들의 베인 자국처럼
문들은 닫혀 있어
바람이 불면 덜컹거리며
안으로 들어가려는 밖이 보여

거기

책장이 된 나무의 시간을
도착이라고 말하는 사람이 있다

책장 선반과 책의 낱장
두께 다른 나이테에 지문을 묻히면서
웃고 찡그리고 무릎 치며 제 옷을 짓던

더는 갈 데 없다 간신히 말하며
병실에 누워 천장만 눈에 넣었다
뱉었다 가늘게 숨을 쉬는 그는

칸칸이 들어선 나무의 곧은결을 훔친 적 있다
조용히 머리로 입으로 옮기다
구멍 난 그릇에 새는 물처럼 잃어버린 적도 있다

언젠가 벽을 가리고 선 나무의 속내를 살피다
보일 듯 말 듯한 옹이를 보았다
인문서 시집 소설을 빽빽이 꽂아 옹이를 숨기고
같은 種끼리 속삭이는 소리를 귀 기울여 들었다

그때처럼 귀를 활짝 열고
제 몸에 연결된 링거 줄 서너 개
눈가 촉촉한 보호자를 옆에 두고

출발하려는 걸까?
도착하려는 걸까?

개미 한 마리 등이 따갑도록

햇살을 등에 업은 개미 한 마리
누가 먹다 버린 죽은 나방을 옮기는 중이다
몸통 없는 날개는 짐짝 같다

죽은 날개는 스스로 접지 못해
한쪽 날개가 하늘을 향하면 한쪽은 땅을 향한다
한쪽이 우측 망개 순으로 향하면 한쪽은 좌측 상수리나무로 향한다

이상하다, 생명이 깃들지 않은 몸이 균형을 가장 잘 유지한다는 것

개미는 지금 낙엽 같은 날개를 옮기느라 끙끙대는데
목숨 없는 것은 어떻게 저리 잘 끌려가는지
평탄한 길이건 비탈이건 아슬아슬 그러나 무사히 잘 가는데
산속 공기는 밤처럼 잔잔하고
햇살은 움푹 들어간 돌과 돌 사이를 지나는데

개미는 마른 솔잎 두서너 개 걸쳐져 있는

다리 같은 길을 가려다
천신만고 끝에 막 한 돌 위에 올랐는데 그만
물고 있던 날개를 놓쳐
왔던 길 되돌아 다시 물고 가다 다시 놓치고
재생되는 테이프같이 끊임없이
되풀이하는데

돌의 높이와
죽은 날개 무게를 알 수 없어
자꾸 놓치고 놓치는 사이

해는 기우뚱 그림자도 기우뚱
모난 돌 옆에 날개를 두고
어떤 나무뿌리를 한 바퀴 돌아오는
힘 빠진 개미도 기우뚱

물고 있던 것을 밀고 당겨도
마지막 다리 건너지 못하고

켤레

무엇을 집으려면
숟가락보다 젓가락이 좋대요

막대는 기다란 것도 짧은 것도 끝이 있지요
마주칠 수 있는 셈법은 하나 이상일 때 생겨나죠
탁, 소리가 나지 않으면 마주치는 걸 모를 때가 있어요

젓가락 끝이 마주쳐 감자볶음을 집을 때
한 켤레가 태어나는 시간이죠

켤레는 두 축의 만남이죠
축은 이곳과 저곳이 중심이에요
양말을 신고 걸어가는 두 개의 생각이에요
철길 맷돌 신발 지퍼 심벌즈……
켤레로 생겨난 이름들이 줄을 서네요

꽃잎은 켤레가 될 수 없는 것을 아시나요?
한몸에 붙은 척 따로따로 입술을 내밀고 있죠
피보나치 수로 무한 생겨난다는 것도 아시죠?

하나하나 따로인 젓가락을 생각해보신 적 없다고요?

제2부

파도가 굽이쳐요

입병이 생긴 날
물컵에 소금 한 숟갈 넣고
시곗바늘 방향으로 신나게 저어요
멀어지는 듯 가까워지는 듯 젓가락과
물과 소금이 한 방향으로 춤추듯 달려요

유리컵 속 같은 세상에서
해지는 쪽으로 여행 가는 가족 같아요
컵 옆 화병에 만발한 장미가 컵을 빨갛게 물들이는데
사춘기 오빠처럼 물은 원심력 바깥으로 자꾸
빠져나가려 해요

그러나 유리벽은 두껍고
컵에 물든 빨강은 절대 깨지지 않을 듯 투명해서
나는 젓던 젓가락을 잠시 멈추죠

소금은 바다의 심지처럼
컵 바닥 가운데 소복이 몰렸어요

짠물로 가글하면

입안에서 파도가 쳐요
확 퍼지는 비린내에 몇 군데가 따끔거려요
그곳이 상처 자리라고 그는 말했죠
시나브로 젓갈처럼 절여지며 낫는 것이 상처라고

그럼 이제 나 낫는 건가요
곧 노래도 부를 수 있을까요

모자로 햇빛을 가린 남자가 자전거를 굴린다

햇볕이 여름을 펄펄 끓인다
모자로 햇빛을 가린 남자가 자전거를 굴린다
자전거 앞 바구니에 실린 무화과가
뜨거운 여름을 굴리며 달린다
허공이 바큇살에 감긴다

바람이 나뭇잎을 설렁설렁 뒤집는다
가지를 흔든다
비가 오기 전 전조증상이야
천둥 번개도 그렇지
머리 하얀 옆집 할머니가 말한 적 있다

소나기 예보가 있었다
굵은 빗방울이 후드득 떨어지더니
금방 소나기로 몸을 바꾼다

바람이 수상하다
방향이 일정하지 않다
자전거가 휘청거린다
그는 중심을 잡으려 몸에 힘을 준다

모자가 벗겨지고 반백의 머리가 반쯤 드러난다

비바람이 몰려오는 길에서
그는 한 손으로 핸들을 잡고
한 손으론 애써 모자를 당겨 쓰며
쏟아지는 비를 막는다

모자 밖 머리카락은 젖고
옷이 젖는다

소금을 바다로 되돌려 주기

목구멍이 뜨끔거리는 건 감기의 징조이죠

미열이 나고 머리가 지끈거리고 아무데서나 기침이 나는 감기의 특징을 일기장에 기록하고
쓴 알약과 달콤한 시럽을 먹은 시간을 달력에 적었던 적 있어요

예방하는 방법도 경험으로 살 수 있죠
항아리에서 소금을 집어내는데
바이러스를 소금물로 잡을 수도 있다는 정보를 읽은 게 기억났어요

어느 여름이었어요
굴뚝 연기가 앞산을 가리며 흐르는 저녁이었어요
심부름으로 장독대 소금 독에서 꺼내 오던 조기가 떠오르는데 문득 흰 고무신을 즐겨 신으시던 할머니 생각이 났어요 부침개 부치기 전에 뒤집은 솥뚜껑을 굵은 소금으로 문질러 닦았죠 이가 아파도 잇몸이 부어도 우선 냄비에 소금을 녹이는 것부터 시작하셨죠 종일 이가 아프던 날 소금물로 입안을 헹구고 퉤퉤퉤 세 번 뱉은 침을 바가지에 담아 동

구 밖으로 갔죠 별빛 유난히 반짝이는 밤이었죠
   돌아오는 길 빈 바가지 바닥에
   소금 찌꺼기들이 북두칠성처럼 반짝이고 있었어요

   할머니의 그 비법은 밤바다 파도 속으로 소금을 되돌려 주는 일이었어요

부러진 연필심

나 원래는 부서질 대로 부서진 가루였죠
앞뒤 없는 바람이 내차는 만큼 멀어졌죠
멀어진 것들은 멀어진 곳에 모여 있었죠

거기 검정의 감정을 가진 것들이 진을 치고 있었는데요
그들은 나와 같은 피를 가진 자들이었죠
우리는 바람이 일어서면 검정인 채로 날았죠

사실 공중으로 붕 뜰 때는 조종사가 된 것 같아 좋았죠
엎어지고 곤두박질칠 때는 어디가 어딘지 차라리 눈을 감고 싶었죠
잎들 무성한 버드나무도 그림자도 보지 못했죠

바람이 멈춘 자리에서 잠시 숨 고르다
바람이 일면 다시 떠돌았죠
어쩌다 점토와 만나 끈끈한 사랑에 빠졌는데요
그것이 죄가 되어 함께 굽히고 말았죠

굽힌 것들은 재가 되거나 단단해지거나 했는데요

나는 뾰족한 머리를 드러내야 나의 말을 할 수 있게 되었죠
머리가 뭉툭해지면 내 말이 뭉그러지는 것 같아 불안해요
그러나 머리를 조금만 길게 내밀고 말하려 하면
단번에 똑 부러지고 말죠

목이 부러져도
쓰고 싶은 말이 먼지처럼 많은 것이 세상인데요

수술실 앞에서

사람들이 수저처럼 기도를 들고 있어요
여기서는 공기 중에 떠 있는 침묵도 기도죠

두 손을 모으는 일
고개를 숙이는 일
눈을 감는 일
모두 밥상 앞의 기도 같다는 생각이 문득 들었어요

환자들의 이름이 켜져 있는 전광판은
왜 사각인지
왜 형광색인지 모르겠어요
공간에 갇힌 이름들이 수두룩 지나갔어요
이름들은 생겼다 사라졌다 또 생겨요
마가의 다락방에서 기도하는 사람들처럼
보호자들은 손을 모았다 풀었다 다시 손을 모아요

 수술 중인 어떤 이름 하나가 오래 걸려 있어요
 그 이름을 바라보는 여자의 한숨이 대기실의 공기를 덥히고요
 여자가 일어나면 전광판을 보는 사람들이 함께 일어나고

여자가 앉으면 함께 앉는 대기실에서

성전의 기도하는 사람들 그림을 들여다 봅니다

이윽고 수술실 문이 열리면
두 손의 기도는 내려놓고
벌떡 일어나는 사람들

이상한 놀이터

풀잎같이 바싹 마른 여자가 누워 있는 503호실
그녀 이름이 침대 머리에 붙어 있다
병명은 **암

세상이란 놀이터에서 천방지축 놀다 지쳐 죽어 가는 병이란다
숨을 이어주는 링거병 속
투명하고 노란 액체의 이름이 무엇인지 그녀는 모른다

가없는 그 놀이터에서 해지는 줄 모르던 넋이
병원 복도를 공원처럼 돌고 돌다
눈을 감은 채 침대에 누운 그녀

무감각이 면역이다
자식 부모 남편 형제자매 집 이웃, 통장에 찍힌 숫자······
아무것도 생각나지 않는 그곳에서
사람들은 오랜만에 피정 온 듯 고요하다

그믐밤 같은 날들 지나고
구들에 온기 퍼지듯 몸에 피가 돌던 날

문득 그녀, 두고 온 집의 비밀번호가 생각나고
가족들 웃음소리 귓전을 울리고
이방인과 함께 춤추던 멕시코 여행길이 떠오르고
처음 맛본 이국 음식이 떠오르고
오뉴월 복달임이며 닭백숙이며 벌건 수박 속이 생각난다

무엇보다 종부성사를 피하고
그 이상한 놀이터로 되돌아갈 수 있다는 것이

얼룩에 대하여

이제 가방 닦을 시간이에요
지퍼를 열어야만 속이 보여요
속은 마른걸레로 닦아요
음지쪽 습기는 곰팡이를 키우기 때문이죠
곰팡이는 전염병처럼 번지는 내력이 있다죠
시간이 지나면 감당하기 버겁다고들 하네요

지퍼를 닫으면 문득 가방은 밖을 가지죠
밖은 안을 감추고 입을 꾹 다물죠

잠긴 가방 속은 왜 자꾸 궁금할까요
몰래 열어 보고 싶을까요

밖에 묻은 이 검은 것들은 어디서 온 걸까요
비 오다 갰다 다시 비 오다 갰다 하는
날처럼 얼룩덜룩한 이것들은 또 어디서 왔을까요

작은 가방보다 큰 가방에 묻은
이 큰 얼룩은 또 어디서 온 걸까요

이 가방의 무늬 같기도
흉터 같기도 한 이것은

일월

눈이 소복이 누워 있는 숲길을 걷는다
누군가의 발자국들이 과거처럼 먼저 와 있다
앞서간 신발의 바닥 무늬를 따라 걷는다
지워진 발자국 위에 네 발자국이 겹쳐 이해할 수 없는 무늬로 새겨진다

속리산 골짜기
눈 쌓여 어둠이 숨을 낮춘 곳
언 개울을 바람이 깨운다
키 큰 나무 사이 새어 나온 빛에 얼음이 부시다

빛이 나무 사이를 돌아 내리꽂히는 자리
언 계곡 타고 흐르는 물이 얼음을 문지르는 소리 들린다
눈을 뜬 산이 개울물 소리에 귀 기울인다

물소리가 들리지 않는 곳에 두꺼운 얼음이 하늘을 막고 있다
봄이면 다 녹을 것이라고 중얼거리며 걷는 사람들
햇볕이 슬쩍 기우는 쪽에 살얼음이 있다
속이 보이는 얼음은 위태롭다

그러나 봄의 발길이 닿기 전 녹아내려
얼음은 이름을 잃어버리고 물소리가 세레나데처럼 퍼질 것이다
개울로 모여 입을 적신 새들은 날개가 가벼워지고
복수초가 노랗게 입을 벌려
하늘을 담을 것이다

저 독한 냄새는 누구의 일인가

불의 세기를 4단으로 고정한다
찬 냄비가 서서히 달아오르고 된장이 끓을 동안
주방 벽 넘어 욕실에서 얼굴을 씻는다
발을 씻고 발목에 묻은 먼지까지 씻어 낸다

저녁은 하루를 씻는 시간
낮에 산에서 깃털 하나를 주워 만지작거리던 것을 떠올린다
그 새, 깃털 하나 빠져나간 것은 알까
제 몸 어디 부속 같은 깃 하나 잃어버리고도
멀리 나는 방식은 잊지 않겠지
생각이 물소리처럼 깊어진다 손수건을 문질러 빤다
비누 거품이 때를 물고 부푼다
나도 거품처럼 부풀어 흥얼거린다

흐르는 물소리 사이로 무슨 냄새 풍긴다
물을 잠그고 귀를 모으고 코에 집중한다
아, 된장 냄새!
화들짝 놀라는 일은 욕실의 일이다

된장 타는 냄새가
주방 수도꼭지 도마 칼 부뚜막 수저 그릇을 지나 거실 안방까지 점령한다
냄비 뚜껑을 비집고 새어 나온 독한 연기에
기침이 툭 튀어나온다
불은 여전히 4단이다

그 모두 주방의 일이다

주방 안방 작은방 거실 욕실
찬장 책장 TV 거울 식탁 침대
군자란 행운목 다육이를 덮어씌운
저 독한 된장 냄새는 누구의 일인가?

벚꽃 만개한 북천의 기다란 둔덕이 걸어간다

버스 타고 병원에 간다
만개한 벚꽃들이 환하게 들고 있는 북천 길
활짝 핀 꽃잎처럼 의자를 젖히고 앉는다
노랗게 핀 민들레꽃이 눈에 들어온다

흐드러지다는 말을 생각하게 하는 것이 뭐가 있을까
하는 생각 눈꺼풀 속을 맴돈다

꽃잎은 왜 하늘하늘할까
꽃받침은 어떻게 느닷없는 추위에도 꽃잎을 보호할 수 있을까
꽃잎이 활짝 벌어지면 꽃술은 키가 커질까

물음표가 물음표를 물고 늘어진다
어디쯤 왔을까
감은 눈에 가만히 잠이 들어와
알록달록한 물음표 속에서 한숨 잤다

갓 핀 벚꽃 같은 사람
시든 자목련 같은 사람 잎 떨어진 매화 같은 사람들이

거대한 병원 회전문을 들고난다

혈액 채취한다며 환자의 팔에 고무줄을
탱탱 감는 사람 앞으로
주삿바늘을 보기도 전에 덜덜 떨다가
미간을 찡그리는 사람 앞으로
벚꽃 만개한 북천의 기다란 둔덕이 걸어간다

고드름에 대한 한 생각

고드름이 처마를 꼭 쥐고 있다

처마는 비스듬하고
비스듬한 것들은 잘 미끄러진다

미끌미끌한 고드름 아래
뒹구는 낙엽

미끌미끌한 고드름 사이사이
하늘로 발을 뻗치는 연기

해진 운동화 닮은 바닥처럼
기어이 녹아내릴 것들

영하의 날씨는 헐벗은 여인 같아
얇은 옷을 몇 벌씩 껴입는다
어깨부터 덮고 팔을 끼우고 허리를 감싸고
다리를 감싸도 고드름은 녹지 않는다
가지각색 옷을 껴입어도 끝내

추운 날은 계속된다
월 화 수 목 금 토 일
돌처럼 단단하고 차가운 날들이
요일마다 매달린다

추워서
주머니에서 손을 뺄 수 없는 날
얼음의 넓이를 살펴보는 이런 날은
고드름에 부딪혀 빛나는 햇볕이라도 부르고 싶다

기다란 얼음에 갇혀 있는 이 시간

숲을 열어 물 마시고픈 나이 많은 아이는

병원 복도 정수기에 바짝 다가선
흰머리가 모자 밖으로 삐죽 나온 아이
한때 숲이었던 것을
손가락 끝에 침을 발라 살살 비벼 벌리려는

어디 그리운 곳이라도 찾는 것처럼
능소화 다문 잎을 열어 보려는 것처럼
등 뒤에 줄 선 사람들의 긴 길을 모르는 것처럼

그는 숲의 가느다란 문을 여는 중

이곳에는 닫힌 것들 수두룩하다

그 컵을 열면
눈 맑은 아내의 밥 냄새가 빙그르르 돌아 나오고
기저귀를 떼지 못한 세 살배기 아이 쪼르르 달려오고
창으로 노을빛 저녁이 기다렸듯 걸어 들어오고
그리고 오라다방 입술 빨간 그 김 마담
보드라운 치맛자락 찌릿한 윙크
출퇴근에 입고 벗었던 옷들, 신발들

손으로 써 내려간 쌓인 서류와 버려진 볼펜들
사랑하며 증오하고 가까웠다 멀어진 시간들

힘없는 손끝으로 오래도록 여는 중이다

종이가 된 그 흰 숲의 문

가시는 바깥으로 자란다

탱자나무 한 가지가 꺾였다
꺾인 가시 노르스름 야위었다

색이 변한 가시와
제 색의 가시가 한 나무에 속해 있다

가시 끝은 길거나 짧거나 뾰족하다
죽은 가시나 산 가시나 예리하다

나뭇잎을 찌른다
그늘을 찌른다
허공도 찌른다

내려오는 햇볕이 멈칫거리다 찔린다
어제는 소나기 몇 줄기가 찔렸다

가시는 먼 데서 온 소문들을 찌른다
찔리는 것들은 뾰족하다

새들이 우르르 몰려왔다

앉지도 않고 날개를 파닥거리며 날아간다
해석할 수 없는 소리 몇 개 떨어뜨리고

밥 끓는 소리

  목련이 훤하게 마당을 밝힌 적 며칠 있고 봉우리째 진 목련 뒤에 벚꽃이 몽실몽실 벌어져선, 어느 바람에 사라지는 얄팍한 꽃잎이 있고 밥 끓는 소리 있다. 지리산 꼭대기에서 양손 입에 대고 소리 지르며 올라온 발자국을 뒤돌아보는 시간이 있고 밥 끓는 소리 있다. 폐렴으로 종합병원에 간 종식이 형, 달력 한 장 뗐을 뿐인데 꽃이 되어 산으로 갔다는 소식이 있고 밥 끓는 소리 있다. 논물 보러 가는 길 언덕에서 제비꽃들하고 놀다가 발을 삐친 봄소식이 있고 밥 끓는 소리 있다. 대학 졸업하고 몇 년째 취업 준비한다는 한 청년의 한숨이 있고 밥 끓는 소리 있다. 말더듬이 미순이는 두 살 연하 남자와 결혼했고 그때 동네 사람들 다 모여 국수를 돌돌 말아 먹으며 동네가 떠나가도록 축하했다는 소문이 있고 밥 끓는 소리 있다. 겨울이 두 번째 다가올 때 이란성 쌍둥이를 낳아서 그 동네가 한낮처럼 밝아지고 밥 끓는 소리 있다. 팔순 할머니는 제주도에서 말 타고 찍은 사진 속 빨간 입술만큼 마음이 들떠 있고 밥 끓는 소리 있다, 꽃이 피고 지고 네 번을 돌고 돌아 낙엽 뒹구는 어느 날 장례식장에 사람들을 모아 국밥을 나눠주고 신발을 벗은 날, 그 쌍둥이는 영롱한 눈망울 굴리며 국밥을 먹고 밥 끓는 소리 있다.
  수세기 끊어지지 않는 굴곡이 있다.

제3부

처음 가는 장소라면 어디든지요

어디로 가면 좋을까요
여행을

처음 가는 장소라면 어디든지요

걸어서 가든지
일곱 량의 나뭇잎을 타든지
눈 녹은 물이 한 방울 똑 떨어지며 만든
물결을 타고 가보는 거죠 뭐

송사리가 돌 너머를 찾아 뱅글뱅글 도는 개울이든
빛 한 올 없어 눈이 총총 커지는 별들의 고장이든
모래언덕 풀이 그늘이 되는 사막이든

몰아쉬는 숨소리에 양쪽 지팡이가 힘이 되는
동녘의 허리를 누비며 한번 걸어 보죠 뭐
두 발은 부르트고
지칠 대로 지친 지팡이조차 힘겨운 시간이 오면

그리운 곳이 생각나기도 할 거예요

그곳이 떠나온 자리일지도 모르죠

처음 가는 장소가 여행지라면
마지막 도착하는 곳도 여행지겠죠
한 점 당신이 돌아오고 돌아가는 곳
거기도 처음 가는 장소니까 여행이죠 뭐

도루묵

무를 썰어
도루묵찌개를 만들어야 하는데
전화기 소리가 부뚜막을 울리는데

언니!
하늘을 봐요
무지개가 떴어요
어마어마하게 커요
사람들은 앞만 보고 걸어가요
하늘은 안 봐요
무지개가 저렇게 떠 있는 걸 아는지 모르겠어요

부풀어 오르는 풍선처럼 달뜨는 목소리
칼을 놓고 베란다 창으로 뛰어갔는데
하늘에 일곱 색깔 무늬가 또렷한데
무늬만큼 하늘이 가려졌는데
그것의 처음과 끝은 알 수 없는데
어디와 어디를 연결하는 둥그런 길 같은데
가슴이 뛰는데 저녁을 해야 하는데
뛰어서 썰어 놓은 무를 냄비에 안치고

뛰어서 다시 창으로 갔는데

없다
순식간 사라졌다

무지개는 짧은 꿈처럼 사라진다
구름 몇 점 풀어놓고

고추밭에서

붉은 고추의 기원은 햇볕의 중심이 생긴 수십 억 년 전의 일이지
적도를 가로지르는 볕의 심장이 달아오르며 뿜어내는 열기
그 무엇도 구울 수 있겠지

계절에 매달린 잎과 열매
열일곱, 스무 살의 피를 들끓게 하지
파도에 밀려온 모래알을 굽지
승냥이와 주인의 이어진 긴 끈을 익혀 인연이라 하지

칸나 얼굴에 핏물 색 스카프를 두른 것도 한여름의 이름이지
되풀이하며 오래 익은 것들은 하나의 이름이 되지
가령, 애인 조약돌 썰물 친구 편지……
이런 이름은 달아오를 대로 달아오른 볕이 활짝 필 때
마당이고 언덕이고 철길이고 사방에서 돋아나지

새파란 고추는 볕의 옷을 끌어 덮으러 자꾸 늦잠을 청하지

그러면 발끝 혈관부터 데우고 몸을 슬슬 달아오르게 하겠지

그러다 가을이 저만치서 짧은 해를 물고 걸어오는 소리 들리면

흙냄새 고인 배춧잎에 어린 메뚜기 두어 마리 앉혀 놓고 잇몸이 잘 여문 고추밭에 돌아앉은 여름의 뒷모습

사춘기 시절

사춘기 골목이 궁금해 그 주소 찾아가는
완두콩 같은 기차는 방을 한 칸 한 칸 채우며 꿈틀꿈틀 달렸어

쇠뜨기가 삼킨 이슬로 붓꽃 줄기로 백일홍 나팔꽃의 귓속으로
누군가 잃어버린 책이 있는 골목을 가로지르며 기적을 울렸어
그럴 땐 하늘도 계절도 뱀밥처럼 깊어졌어

연두역 지나 청명역 지나 역무원 없는 간이역 지나
리듬이 끊이지 않는 음악역 지나 새벽을 지나도록 달렸어

나를 기다리지 않았던 해운대
하늘이 파도 속에 일렁이는 바다
수없이 조약돌 던져 바다를 흔들어 보고
발가락 사이에 모래를 끼우다가 버리다가
모래는 사이를 벗어나려다 매달리다가
발톱은 묻히다가 보이다가

사람아, 사람아
커다랗게 적힌 모래밭 낯선 이름
파도가 덮치며 사라지는

이브닝

   가로등이 밝아지는 시간
   동박새 청동부리새의 삶을 티브이에서 엿보다 욕조에 틀어 놓은 물이 넘치는 것도 몰랐다
   욕조에 몸을 담그니 내 몸집만큼 물이 넘친다

   종일 묻혀 온 먼지 우리가 걸었던 길, 하늘을 물고 빙빙 돌던 까마귀 두 마리 꺼어꺼어 주고받던 기밀을 몰래 주워들은 귓속까지 넘친다

   어린왕자와 장사꾼의 대화를 읽다 한참을 웃는다 목욕물이 흔들린다 별의 숫자를 더하고 세고 더하고 세고 자꾸 모으는 그도, 한때는 더하고 세고 자꾸 모으던 나도, 그 별 모아서 어디다 쓸 거냐는 질문도, 대답할 거리가 없는 나도 넘친다 흐른다

   꽃의 가시가 제 몸의 방패막이인지 묻는 것도
   몸속의 가시가 바깥으로 나왔으니 어떨지 상상해 보라는 내 대답도
   비행기 수리에 들어간 그 조그마한 볼트 하나도
   거대한 운동장에 떨어진 내 단추 하나도

삐끗 넘어져 새큰한 발목도
한꺼번에 술술 넘어간다 흘러간다

오늘의 별 하나가

관계

모서리 없는 무를 자르다
무딘 칼에 손을 다쳤다
칼을 버릴까 하다가
벼려 쓰기로 했다

숫돌에
한 면을 대고 밀었다 당겼다 하는데
다른 면도 같이 밀렸다 당겼다 한다
양날을 다 벼리는데
석양을 끌고 흐르는 시냇물 소리 들리기도 했다

칼날은 별의 눈꼬리처럼 예리해졌는데
칼이 지나간 자리마다
숫돌에 묻은 저 날카로운 것들

따뜻한 손으로 어루만져도 지워지지 않고
물로 씻어도 씻겨나가지 않는
저 떨어져 나온 몸

어처구니없이 어처구니를

맷돌에 잘 익은 커피를 갈아 볼까

맷돌 주둥이에 한 움큼 커피콩을 넣으면
커피콩은 눈앞이 캄캄해질까
구멍이 가득 차면 어처구니없이 어처구니를 돌려 볼까
어처구니 방향으로 기억들이 솔솔 풀려질까

문질러져 흘러내리는 윗돌과 아랫돌 사이

어둠 속에서 붙박이별의 발자국을 헤아리던
순한 바람의 어깨를 타고 놀던
태풍의 뚜렷한 눈동자에 흔들리던
시시로 집 모양을 바꾸며 흘러가는
구름의 방향을 따라가던 콩 콩 콩

어처구니없이 한 시절이 돌고 돌고

그늘을 밟은 날

들었던 발을 놓으려는데
벌레 한 마리가 느닷없이 그늘로 왔다

그늘의 크기도 모르면서
뉘 발밑인 줄도 모르면서
그늘을 찾아
여러 개의 다리로 정신없이 달려왔을 것이다

가속도가 붙은
내려가는 발을 멈출 수 없어
그늘을 들고 있을 수가 없어
발은 발의 크기만큼 땅을 디딘다
신발은 테두리만 보여 준다

신발의 컴컴한 그늘에는 어떤 일이 벌어졌을까

그늘을 디딘 발이 확확 달아오른다
자석이 붙은 것처럼 발이 무겁다
온몸이 뜨끔뜨끔하다
자자하던 새소리가 뚝 끊어졌다

단지,
이백사십오 밀리의 그 감옥

언저리가 중심을 만든다

금계국 기다란 목이 홀쭉하다
바람이 노랗게 흔들린다
잎들이 낱낱이 흔들린다
중심이 흔들린다

벌들이 꽃술에 앉는다
꽃술은 꽃의 중심에 있다

봄여름 가을,
중심은 꽃잎을 피워 언저리를 꾸민다

벌은 중심에 앉았다가 잠시 언저리를 스치고
또 다른 중심을 찾아간다

언저리를 보면 중심이 보인다

바람이 분다
금계국 그림자가 땅을 흔든다
그림자에는 중심에서 꿀을 훔치는 벌이 보이지 않는다
꽃보다 그림자가 크게 흔들린다

비와 햇빛 사이에 무지개

매미 소식으로 뒤덮인 산
바위에 앉아 잠시 숨을 고른다

저 멀리
무지개도 뿌리가 있는지 땅에서 솟아올랐다

무지개가 가린 들판의 한쪽과 논둑과 그 너머
고속도로를 찾아 두리번거리는데 빗방울
후드득 떨어진다
아직 살아 있는 저 무지개를 두고 우리는
급히 산에서 내려간다

내려가는 길에도 오르막은 있다
올라갈 때 부러질 듯하던 햇살은 비에 묻혀 안 보인다
묻힌 것들은 언젠가 싹을 틔우는 습성이 있다

오늘 돋은 무지개는 얼마간 묻혀 있었을까
오늘 싹튼 이 비는 언제 묻혔던 것일까
오늘 묻힌 햇빛은 언제 싹 틔울까

흰 것들에 대하여

흰색은 흰 것들의 자존심이다
흰 것에 묻은 것들은 모두 얼룩이다
어디 무슨 흔적이든 흰 것 속에서는
달팽이가 되고 깃털이 되고 앵두가 된다

흰 러닝
등 어깨 겨드랑이를 비누로 치대고
불룩한 배로 받치고 들렸던 자국에 비누를 더 문지르고 치댄다
온갖 오물을 감쪽같이 지우고
새하얗게 만든다는 옥시크린 분말을 뿌린다

삶숙이* 속에서 그것들이 펄펄 끓는다
얼룩이 열매 떨어지듯 제거되길 바라며
불길을 낮추고 불 밖에서 책을 읽는다

-새벽과 생각, 도깨비불, 딸기 냄새, 둔갑술,
모호와 애매, 즉흥으로 손뼉치기, 공동체-

가시와 비가시 사이……가 끓기 시작한다
부글부글 흰 거품을 만들며 얼룩들이 끓는다

나는 점점 책의 동굴로 들어간다 잿빛 섬에서
뭔가 뒤지고 찾고 먹고 얻는다

흰 것들은 끓다가 속을 하얗게 태우다
끝내 삶숙이에 눌어붙었다

흰 러닝셔츠의 목 어깨 등 배에 검은 점이 생겼다
달팽이도 깃털도 앵두도 새까매졌다

그릇 안에서 그릇 밖에서 탄내가 진동한다

• 삶숙이-빨래 삶는 냄비

칼 이야기

칼은 찌르고 자르는 거라며
선물도 안 한다고 믿는 당신은
끼니때마다 칼을 쓴다

칼은 하나를 나눈다
칼은 섬을 만드는 기계일지도 몰라

껍질 있는 감자든 물기 묻은 사과든
칼이 지나간 자리
그 무엇도 갈라진다

갈라진 한 조각을 섬이라 부르자
쪼갤수록 작아지는 섬들

흩어져 있는 섬들은
몸 잘린 것들이 근근 뿌리내려
살아낸 것들의 형상

무딘 날, 날이 선 날
직선인 날, 곡선인 날

앞뒤 없는

어느 칼이든 양면을 만든다
안과 밖, 이쪽과 저쪽, 여기와 거기,
그리고 너와 나

서로 칼등을 맞대고
나는 햇살을 오르내리는 다람쥐를 생각한다
너는 주식의 빨강 파랑 그래프를 생각한다

지금 우리는 티브이에서
유목민 셋이 사슴 한 마리 쫓아 달리는 속도를 본다

달려가는 단검이 사슴의 숨통을 단숨에 끊는다
가죽을 벗기고 몸을 토막 낸다
피 묻은 살점 하나 공중에 던지고 이웃마다 나누는

칼 지나간 자리
고기 몇 점

혼돈

화창한 날은 신나는 날이래요
나는 그런 날도 여행을 못 가요
마스크를 벗지 못해요
국경은 코와 입을 막은 사람만 넘어가야 하거든요

나는 마스크를 하고 있지만, 코와 입이 열려 있어요
근데 이건 나만 알아요
양심이 고개를 들고 있어서 속으로만 말해요
그래서 상대방은 알아듣지 못하는 특징을
사람들은 이상하다고 해요

나는 이상하다고 하는 사람이 이상해요
국경 이쪽과 저쪽의 이야기를 다 아는 척하거든요
마스크 속에서 말이 튀어나오는 데 정말 가관이에요
그걸 잘 들어보면 언제 들어본 것 같기도 하고 처음 듣는 것 같기도 해요

연달아서 내뱉는데 바늘이 튀어나올 것 같아 소름이 돋아요
말이 스민 마스크를 계속 쳐다보는데 피는 안 묻어 나오

네요
  여기서 마스크의 강점을 알 수 있어요
  묻어서 증거가 될 것은 아예 바깥으로 내보내지 않는다는 거죠
  흘러가서 소멸하는 것만 불러내죠

  그가 낮잠이라도 자는 시간에 마스크를 한번 벗겨봐야겠어요
  짓무른 은행 냄새가 날 것 같아 그만둘까 해요
  그 사람이 혼잣말하는 것을 들었어요
  국경은 넘어가야 해
  그게 입속의 소리가 입 밖으로 나가야 한다는 뜻인지는 잘 모르겠어요
  국경을 넘어가면 또 다른 국경이 나올 텐데요

꽃이 지는 날 여자는

꽃이 일흔아홉 번 까무러치는 것이 세월이라고 말하는 여자는
　연년이 땅으로 사라지는 꽃처럼
　눈가에 미간에 입가에 주름이 잔잔하게 잡혀 있는 여자는

　열다섯 포동한 손녀 얼굴에 뭘 바르냐고 묻는 여자는
　손녀 책상에 있는 분홍색 통을 보고 눈에 박듯이 한 여자는
　베이비 로션 하나 슬며시 사 오는 여자는

　그 로션을 어디서 바르는지 누구도 본 적 없는 여자는
　열일곱 살랑살랑 소녀 가슴을 되돌리려는 여자는

　손녀 방을 기웃거리는 날이 많은 여자는
　시도 때도 없이 세수하는 여자는
　숨겨둔 분홍 로션이 얼마나 줄었는지 모르는 여자는

　해바라기 노랗게 땅거미 속으로 들어갈 때쯤
　입원실 거울도 없는 침대에서 여자는
　한 끼도 채 못 채우는 여자는

여윈 몸만큼 주름이 더 생긴 여자는
밥이 무엇인지 숟가락이 무엇인지 모르는 여자는

기계들 즐비한 중환자실로 옮긴 지 사흘째
손녀같이 주름 없는 얼굴이 되고
병원 뜰의 꽃도 목을 떨구고

제4부

교차로의 볼록거울은

흘러가는 것들을 증명할 수 있다, 없다

먼지처럼 떠다니는 사람들을 집진기처럼 모았다 버렸다

거울의 가장자리를 돌아 한 사람이 미끄러져 나가고
이쪽 언저리에 껌인지 똥인지 묻은 발등이 급히 버려진다
굽은 등에 얼룩이 크게 돋보이다 버려진다

바쁜 발자국들이 볼록거울에 매달리다 사라진다

구름 같은 매연이 둥그런 거울을 뿌옇게 감춘다
이럴 때는 강아지의 보드라운 털이나
양손에 무거운 가방 들고 낑낑거리는 남자나
검은 지갑을 훔쳐 달아나는 도둑이
잘 보이지 않는다

외눈이 전부인 그는
교통사고를 내고 도망간 사람도 차도 날짜도
증명할 수 없다
그러나 한자리에 꼼짝 않고 종일 서 있다

지금 한 여자와 한 남자가 다정히 손을 잡고 가고 있다
한 아이가 발이 안 보이도록 달려간다

그들은 그의 속에 있었으나
그는 기억하지 못한다

그의 시간은
그렇게 매끄럽게 사라져 간다

우물

이끼 돋은 원시의 우물 하나 있어

울타리가 우물의 어깨를 반쯤 덮을 때
제 키보다 몇 배 긴 두레박 끈을 슬슬 사리더니
우물로 확 풀어내는 여자

두레박 같은 편지가 웅숭깊은 우물에 닿기까지
무한히 비틀거렸어
비밀한 낱말들이 부딪히며 어긋났어

깊이 고인 물까지의 거리에
바람이 일고 천둥 치고 울음들이 축축이 젖고
한 동네가 우울해졌어
그러나
우물에 꽃이 피었어
겹겹 퍼지는 꽃잎이 파랗게 질렸어
우물은 아득해져 그만 눈을 감아 버렸어

빈 듯 꽉 찬 편지 한 장 다녀갈 때마다
우묵한 동네는 파리하게 슬펐어

깊이도 넓이도 모르는 이들이
갈증이 나거나
더러운 때가 묻거나 서러운 사랑이 돋아날 때

시시로 거기 편지를 던졌어
그러면 우물은 새로 돋은 꽃잎을 아래로
아래로 가라앉히고

그런 날

있지, 그런 날
명절 끝에 괜스레
어떤 줄에 엮인 가족의 이름이 낯설어
울기 위해 걷고 웃기 위해 찾아간
저수지 둘레를 돌며
물의 깊이를 가늠하다 넓이를 바라보다
나의 넓이와 깊이가 생겨나는 시간

물속에
나무들이 거꾸로 박혀 있고
낙엽이 거꾸로 지고
새가 거꾸로 날고

내 생각을 거꾸로 하면 내 속이 나올까
노을은 밑이 안 보이는 능선을 붙잡고 있는데

하늘이 살고 나무들이 살고
고기들이 거꾸로 사는 저수지
그런 날이 있지
생각지도 않은 시간이

생각지도 않은 시간을 끌고 와
거꾸로 생각을 뒤집어 주는 그런 날

흔들린다, 민들레

응급차가 날카로운 소리를 내뿜는다
경광등이 촉각을 다투듯 달린다
꽁무니가 시뻘겋다

위급한 숨소리처럼 길들이 울퉁불퉁하다

바람도 없는데 문집의 문풍지가 흔들린다
예주쌀집 참깨 들깨 콩들이 부둥켜안은 채 귀를 열어젖히고
신바람모터에 모터들은 멍하니 고장 난 곳을 그러안고
목공소의 녹슨 대패가 상자 속에서 돌처럼 웅크린다
해장국집 초롱이 꺼졌다 켜졌다 문밖이 어둡다 밝았다……
주인 없는 마당에 냉이꽃이 하얗게 질리고
화랑세탁소 재봉틀 북에 걸려 있던 실이 뚝 끊어진다

그 길을 지나
응급차 성모병원 응급실에 도착한다
숨소리가 잦아든다

정지한 타이어 옆
보도블록 틈에서 민들레 하나 숨을 죽이고 있다

별안간

나물을 다듬다 덮어둔 신문지를 들춘다

덮여 있던 것들에게는
어둠에서 빛으로 바뀌는 순간

별안간일까
꽃잎이 바람에 떨어지는 것처럼

별안간 줄지어 가던 개미들이 흩어지며 헤맨다

덩달아 놀란 내가 나도 모르게 손가락에 힘을 주어 개미를 누른다
손가락이 바늘에 찔린 듯 따끔거린다
아린 곳을 살피는데 손톱 밑이 새까맣다

조금 전까지 기어 다니던 그 개미들의 무엇이 까맸을까?

별안간 생긴 내 손톱 밑의 무덤과
별안간 까맣게 물드는 일에 대하여 생각한다

걷었던 신문지를 다시 덮으면 죽었던 개미들이 꾸물꾸물 살고
덮여 있던 것들이 별안간 어두워질까

담장

누구를 기다리는 일이란
탄탄한 담장 주변을 어슬렁거리는 것이다

어린나무를 심은 지 삼십 년
우거질 대로 우거진 감나무가 담 밖을 기웃거린다

한때, 식구들의 두런거림이 담 넘어 골목을 돌아갔다
해바라기처럼 키를 돋운 웃음소리가 그 담을 넘어갔다

수십 번 봄이 왔다 가고
수십 번 칸나는 붉었다 지고
수천 개의 땡감이 홍시가 되었다

한 나무가 나이테를 늘리는 동안

굳건한 담에 기다랗게 금이 가고
갈라진 틈으로 바람이 들락거렸다

금 간 자리에 질척한 시멘트를 바른다
구름이 한 차례 다녀가고

나는 그 자리에 재벌 칠을 한다
젖은 시멘트가 갈라진 틈을 덮는다
그러나 담장에는 덧씌운 흔적이 흉터처럼 선명하다

몇 번을 더 덧씌워야
숭숭한 바람이 들지 않는지 나는 모른다

처음 같은 매끈한 담이 될 수 있는지는
더욱 모른다

톱니 자국

어버이날 카네이션 꽃바구니를 샀다
빨강 분홍 하양의 꽃잎 가장자리에 톱니 자국이
둘레길처럼 나 있다

이 꽃을 받을 여인이 꾸며 온 세상 같은
색색의 톱니 자국을 바구니가 받치고 있다

하나의 톱니에서는
아들 백일잔치 벌이고
아이가 받아온 상장들을 벽지처럼 붙여 놓고
방문을 드나드는 이들에게 은근히 자랑하고

또 하나의 톱니에는
논둑에 콩 한 되 심으면 한 말의 콩이 되고
기르는 개는 새끼 아홉 낳아 아이 옷이며 학용품 샀다 자랑이고

봄날은 감꽃을 하얗게 터트리고
아이는 실에 감꽃 꿰어 여름 지나가고

또 하나의 톱니에는
둘째 아이 대학 떨어져 꿈도 떨어졌다 하고
신품종 볍씨가 싹을 틔우지 않아 새로운 것에 실망했다 하고
멀겋게 끓인 국 속에 가래떡이 끼니였다 한숨이고

또 다른 톱니에선
셋째 아이 날마다 기타를 쳤는데 대학에 합격했다 싱글벙글하고
마당 가득 손님 초대한 환갑잔치에 수건 한 장씩 돌리며 희희낙락하고
첫째 아이 화환 즐비한 결혼식장에서 결혼했다고
둘째 아이 사윗감 데려왔다고

눈멀고 귀먹은 한 여인의 궤적인
저 꽃의 테두리

서랍을 여니

지나간 날짜들이 있었다
무대 앞에 앉아 있던 열과 줄이
스카이레일을 탔던 날짜와 장소가
단돈 **원의 숫자로 있었다

지나간 어느 수요일에 붉게 동그라미 쳐진 달력이
약도를 그러진 청첩장이 있었다

한국도로공사에서 발행한 현금 영수증도 있었다
입구영업소 부산이 보인다
날짜와 시간이 가만히 머무르고 있는 종이가
아무리 생각해도 떠오르지 않는 어느 시간을 가리키고 있다

나는 그때 무얼 했을까
노래를 흥얼거리며 속도를 줄였을 수도
제인 에어가 품고 잤던 인형 모양과 털의 길이를 상상했을 수도 있었겠다 그러느라
이상한 구름을 보지 못하고 지나쳤을 수도 있었겠다

다시 서랍을 뒤적인다
티켓은 왜 모두 사각일까
모서리들은 뒤적일수록 두루뭉술해지는데
장소와 날짜는 종이가 찢어지지 않는 한
거기 있다

햇빛 아래 허수아비처럼 점점 색이 바래며
아라비아 숫자들 희미해지며

두부

공기를 굴렁쇠처럼 굴리는 콩은
햇살도 바람도 동글동글 굴린다

구른다는 것은
각이 보이지 않는다는 말
보이지 않는 것은 감추고 있을 수도 있다는 말

맷돌을 돌린다
맷돌 주변을 어른거리던
바람 햇살 공기가 납작 터진다
콩이 뭉그러진다

터진 솔기를 삐져나오는 살처럼
저도 모르게 끌려든 속살이
맷돌 속을 적시고 흘러내린다

그것은 맷돌 아가리 그 캄캄한 곳에서
자기를 발산하는 어떤 감정일 수도 있다는
어느 수필집 내용에 줄 친 적 있다
그때 문득 몸부림이라는 말이 생각났다

몸부림은 자기를 잃어버리는 일

콩이 둥긂을 버릴 때
숨었던 모서리가 나타난다고
도마 위 두부가 뿔을 세우고 있다

치킨집 앞에서

비가 한두 방울 떨어지는 날
우리는 튀김 냄새를 따라 치킨 을 들어선다

메뉴판 - 생맥주 + 치킨 (한 세트)
원피스로 주문한다

닭이 기름을 밀어내며 익어 가는 사이
어둠은 낮을 먹으며 익어 가고
익는 것들은 제 몸을 부풀리며 익는다

부위별로 잘린 닭
밀가루 옷을 입고 기름에 튀겨진 닭
양념 범벅이 되어 어느 부위인지 알 수 없는
조각 닭을 튀김 닭 한 세트라고 불러 보자
그러면서 전부를 생각해 보자

빗방울 굵어진다
상점 앞, 공병의 입속으로 뛰어 들어가는 빗방울을 본다
창을 차고 나오는 불빛 속에서

그때 비는 점이었다

선이었다

비는 비끼리 서로 다투다

좁고 낮은 곳을 찾아간다

우리는 빗방울 보려고 병의 주둥이에 집중한다

죽음의 고소한 냄새가 흘러나오는 사각 포장지를 들고

기름집이 있는 골목

참기름 냄새 진동하는 냉림로 36길 골목
감나무잎 장미꽃잎 사이사이 고소한 냄새 깃들어
기름집 문턱을 넘는 발에 밟힌다

이 골목이 언제부터 이리 미끄럽고 고소했을까
골목 끝 집, 조그만 기름틀 놓고 기름 짜던
다리 저는 할머니가 보이고
초승이 보름 되고 보름이 그믐 되고 또 보름이 될 때까지
달을 보며 돌아가던 사람들 보이고
어미 등에 업혀 잠투정하던 아이가 신사복 차려입은 어른이 된 것이 보이고

추수 마친 아낙들 참깨 들깨 이고 들고
기름집 드나드는 것 보인다
골목을 지나가는 아이들 인형에 기름 냄새 흥건히 묻는다

이 고소한 냄새는 깨의 피에서 태어나는지도 몰라

그러니까 들기름은 들기름이기 전에 들깨였고
참기름은 참기름이기 전에 참깨였으니까

그렇게 그렇게
기름은 해와 비와 바람의 골목이었는지 몰라

단추와 단춧구멍

좁은 병실로 단추처럼 저녁이 들어오면

무릎 수술을 하고 다리에 붕대를 맨 남자
배꼽이 다 보이는 옷을 입고도 배가 보이는 줄 모른다
보호자가 단추를 슬며시 잠가 준다
배꼽이 감쪽같이 감추어진다

창가 쪽 침대에서 겨울 낙엽 같은 환자 하나가
통증이 왔는지 몸부림을 친다
한 번의 꿈틀거림에도 단추는 쉽게 구멍을 빠져나간다

저 옷은 원통의 세탁기에서 얼마나 휘둘렸을까
몇 사람의 수술 자리를 감쌌을까

단추가 구멍에 끼워질 때
벌어진 것들은 맞물린다

단추와 단춧구멍의 위치가
둘 사이를 당기기도 늘이기도 한다
가령, 너와 나의 간격을 말할 때

네가 단추 쪽에 있는지 구멍 쪽에 있는지
묻는 것처럼

삶과 죽음의 위치가
둘 사이를 당기기도 늘이기도 한다

단추와 단춧구멍처럼

병실 한 귀퉁이 죽음으로 들어가던 삶이
가까스로 구멍을 빠져나갔다

스프링일까

당신이 침대를 고를 때 나는 기다리죠
치마를 입은 당신은
잠에 필요한 스프링의 촘촘한 구조를 가리죠
매트리스 종류마다 앉아 보고 누워 보고
그러니까 바닥을 관찰하죠

그럴 동안 나는
밤을, 휴식을 눕힐 가장 안락한
무엇을 찾는 당신만 생각하죠

스프링일까
폼일까
고무나무일까
캥거루가 먹는 나뭇잎일까

당신이 찾는 것이 무엇인지
있는지 없는지도 모르고 당신만 따라다니죠
당신이 나에게 선택되듯
당신에게 마땅한 것이 선택될 때까지
그냥 기다리죠

지금 내가 기다리는 것은
당신이 고른 침대에서
매일 밤 사랑을 위한 침묵이라는 것을
당신은……

당신의 젠가 게임

 반달의 꼭짓점에 고인 물 한 방울 먼저 보려면 높은 자리가 유리하대. 그래서 밑에서 온 힘을 다해 위를 괴고 있는 블럭의 기억을 빼듯이 하나씩 빼서 꼭대기에 얹어야 한대. 아래가 위가 되는 순간 시선이 조금만 빗나가도 목을 잘못 쳐들어도 무너지고 만대. 손거스러미에 닿아도 쓰러지는 중심, 소맷부리에 닿을까 소매를 걷고 안경을 고쳐 써야 해.

 구멍이 많을수록 높아지는 탑, 어떤 숫자 하나를 빼 들고 가마득히 먼 길을 찾아가듯 꼭대기 자리를 찾아야 해. 높이 올라간 것들도 다시 밑이 될 수 있대. 하늘의 구름이 바닥의 물이 되듯이. 참, 손에 힘을 너무 주지 마. 꿈이 우르르 무너지는 건 한순간이니까. 햇살과 바람이 들락거리던 구멍들도 그렇게 무너지기도 하니까.

 자! 한번 해 볼래. 블럭 하나를 빼려면 우선 밀 것인지 당길 것인지 생각하고 손끝의 방향을 잡아야 해. 낮은 곳의 그늘 하나를 밀려면 엎드려도 좋아. 무릎을 바닥에 대고 손목은 굽히지 말고 손끝은 밀어낼 슬픔의 이마를 정조준 해야 해. 중지와 약지보다 검지가 좋아. 살살 밀어내다 더 깊

숙한 곳을 거쳐야 할 땐 얼른 중지를 써야 해. 마음 끝에 중심축을 세워야 해. 자! 한번 해 봐.

해 설

상황인식과 관계의 시학

박찬선

　시가 자유로운 시대다. 내용과 형식에서 다를 바 없다. 무엇보다 형식에 있어서 두드러진 모습을 보인다. 형식의 자유로움은 시대상과도 연관이 있다. AI가 시를 쓰는 시대 시인의 시 창작을 무색케 하는가 하면 사진의 대중화는 디카시를 가져왔다. 늘어지는 장시에 비해 단시가 나오고 4행시를 선호하는가 하면 1행시를 낳기도 했다. 어느 시건 각기 특징을 지니고 있다. 다채로운 시 형식 속에 담겨지는 내용 또한 다양하다. 중요한 것은 시의 본질인 비유를 살리는 일이다. 한 시인이 생존하는 시적 공간은 한계가 있다. 변혁의 시대 시가 다채롭다.

1.

 김설희의 두 번째 시집 『흐엉씨의 두부』를 읽었다. 쉰여섯 편의 작품을 읽으면서 두드러진 점이 발견되었다.
 내용면에서는 죽음, 질병과 연관된 작품이 다수를 차지하고 있다. 다음이 부엌 식탁 음식과 연관된 것, 나머지는 인과론으로 관계지어진 작품으로 나눠졌다. 죽음, 병실, 환자를 주제로 했거나 제재로 한 작품이 많다는 것은 무엇을 의미하는가. 인간은 죽음을 타고난 존재로 생로병사의 일생을 벗어날 수 없다. 산 사람은 반드시 죽는다(生者必滅). 죽지 않는 영원한 존재는 없다. 질병도 예외는 아니다. 코로나라는 전염병이 온통 지구촌을 불안에 휩싸이게 한 지도 몇 해가 지났다. 그러나 아직도 완전히 사라진 것은 아니다. 환경이 변함에 따라 새로운 질병도 늘어나는 추세다. 질병은 인류 역사에 큰 영향을 끼쳤다. 어윈 W. 셔먼이 쓴 『세상을 바꾼 12가지 질병』은 프로피린증, 혈우병, 감자 마름병, 콜레라, 천연두, 흑사병, 매독, 결핵, 말라리아, 황열병, 인푸루엔자, 후천성 면역결핍증후군을 들었다. 인류의 생존은 질병의 역사다. 종교와 이념 정치체제에 따른 전쟁 못지않게 질병과의 전쟁은 지금도 계속되고 있다.
 김 시인의 죽음, 질병, 병실 이런 것을 주제로 한 작품에는 「가장 작은 방」, 「약도」, 「고(故)」, 「거기」, 「파도가 굽이쳐요」, 「소금을 바다로 되돌려 주기」, 「수술실 앞에서」, 「이상한 놀이터」, 「벚꽃 만개한 북천의 기다란 둔덕이 걸어간다」,

「숲을 열어 물 마시고픈 나이 많은 아이는」, 「혼돈」, 「꽃이 지는 날 여자는」, 「흔들린다, 민들레」, 「단추와 단추구멍」이 여기에 해당되는 작품이다. 수적으로 큰 비중을 차지한다.

사각 액자 속에서
아픈 적 없었던 것처럼 활짝 웃고 있는 여자

액자는 무엇인가를 가둔다
여자를 80년 동안 꼼짝 못 하게 옥죄는 일은
그녀가 붙들고 살았던 온갖 테두리의 일이었다

한 남자에게 갇히고
세 아들에게 갇히고
넓은 들에 갇히고
좁은 통장에 갇히고

이제는 액자 속에 갇힌 여자에게
국화 한 송이 바치고 절하는 동안

그녀 액자에서 나와 꽃 한 송이 받아들지 못했다

그녀는 언제나 그랬다
밥솥에 갇혀 59년
양말 서랍에 갇혀 55년

세 아들 도시락에 갇혀 25년
혈압약 병에 갇혀 24년

염은 한 시간 동안 계속되었다
아무것도 입지 않고
아무것에도 갇히지 않은
한 시간의 자유

그리고 여자는 마지막으로
세 아들이 마련해 준 관에 갇혔다
국화 향기와 함께

여자가 살아 본 가장 작은 방에 갇혔다
　　　　　　　　　　　　—「가장 작은 방」 전문

　사각 액자의 테두리 속에서 활짝 웃고 있는 영정의 여자는 80년 한 생애 동안 갇혀 살았다. 한 남자, 세 아들, 넓은 들, 좁은 통장에 갇혀 있다. 나아가 밥솥, 세 아들 도시락, 양말 서랍, 혈압약 병에 갇혀 살았는데 고작 한 시간의 자유를 누리고 다시 작은 방의 관에 갇혔다. 테두리에 갇혀서 산 일생이었다.
　테두리는 물체 주위의 가장자리. 윤곽. 어떤 한계나 또는 범위를 뜻한다. 우리는 질병, 죽음, 고뇌, 갈등 등 피할 수 없는 보편적 체험을 하게 된다. 그것은 넘을 수 없는 높은 벽이다. 태어나면서부터 안고 살아야 하는 운명이다. 그 앞에 서면 좌절하고 절망할 수밖에 없는 한계상황에 닿게 된다. 인간의 이해나 통제를 넘어서는 자리에 이르면 인간존재의 본질이 드러난다. 그 중심에 죽음이 있다. 죽음은 가장 근본적인 한계로 인간의 유한함과 나약함 곧 생명의 한계를 맞게 된다. 우리가 죽음을 진지하게 인식할 때 비로소 자신과의 삶을 진정성 있게 마주하며 세계 내 존재로서 실존적 자각의 기회를 갖게 된다. 출구 없는 작은 방은 영원히 잠자는 방이다.

> 이름 앞에 '고' 자를 보면 문득 눈꺼풀을 껌벅거리게 된다
> 잠깐 겹친 아래위 꺼풀 사이 고여 있던 적요가
> 슬그머니 고개를 뒤로 젖히게 한다
> 가만히 올려다본 하늘에서 울컥 쏟아지는 맑고 진득한 물
>
> 끈적이는 것들은 눈가에 맺힌다
> 속눈썹이 젖는다
> 오래된 가슴앓이 돌멩이 같은 날들
> 잊어버렸던 얼굴이 불쑥 돋아난다
>
> 향이 타며 내놓는 연기가
> 영정 사진을 잠깐 둥글게 돌다 하늘로 오른다
> 둥근 것이 구르려면 살이 있어야 한다
> 바큇살처럼

생은 무엇이 받치고 구르는 힘으로 나아가는가

이불을 짓고 옷을 고르고 멀건 죽을 끓이며
파란 불, 활활 빼꾹채 붉은 불을 피우고
지붕의 크기를 키우고 색을 바꾸며
어제와 오늘을 수만 장 뒤집었던 손발의 궤도

곱은 손으로 지은 밥을 한술 떠올리던 숟가락은
숨의 바깥일까 안일까
김 오르던 쌀밥을 마주하는 안온한 눈빛은
숨의 바깥일까 안일까

숨을 놓아 버린
이름은
눈시울과 가깝다

―「고(故)」 전문

  한자의 故는 퍽 다양하게 쓰인다. '죽을 고'는 그중의 하나다. 故에서는 죽음이 눈꺼풀 사이의 적요(寂寥) 적막(寂寞) 적적하고 쓸쓸함이 고개를 젖히게 하고 진득한 눈물을 자아낸다. 정신적으로 안타까워 마음속으로 애달파하는 냉가슴 앓는 일이다. 겉으로 드러내지 않고 속으로 끙끙대는 걱정으로 정감이 없는 침묵의 날 그것이 극대화 되었을 때에 나타나는 얼굴, 영혼의 승천을 향연이 하늘 오르는 것으로 나타냈다. 생은 무엇이 받치고 구르는 힘으로 나아가는데 그것은 살이다. 살은 창문이나 얼레, 부채, 연 또는 자전거 바퀴 수레바퀴 등의 뼈대가 되는 부분이다. 빗살 어살 화살처럼 지탱하는 힘이다. 그 힘으로 생을 꾸려 간다. 그리고 그 동안 살아온 일상의 궤적은 손발의 궤도로서 숨의 겉모습과 안 모습으로 의문을 제시했는데 영혼의 문제는 신체적 증상으로 나타나기에 안이자 바깥이요 바깥이자 안으로 동떨어진 것이 아니라 하나다.

하이데가는 『존재와 시간』에서 인간존재는 항상 어떤 길 위에 서 있으며 그 길은 죽음이라는 한계와 마주하는 유한성의 공간이라고 했다. 그러한 공간의 안과 바깥으로 '숨을 놓아 버린 이름은 눈시울에 가깝다'고 함으로써 가장 민감한 부위인 눈시울을 제시하여 접합점을 찾고 있다. 눈시울의 열고 닫음 곧 죽음 앞에서 우리는 얼마나 보잘 것 없는 존재인지, 그리고 우리는 본질적인 질문을 얼마나 잊고 살았는지 비로소 깨닫게 된다.

> 풀잎같이 바싹 마른 여자가 누워 있는 503호실
> 그녀 이름이 침대 머리에 붙어 있다
> 병명은 **암
>
> 세상이란 놀이터에서 천방지축 놀다 지쳐 죽어 가는 병
> 이란다
> 숨을 이어주는 링거병 속

투명하고 노란 액체의 이름이 무엇인지 그녀는 모른다

가없는 그 놀이터에서 해지는 줄 모르던 넋이
병원 복도를 공원처럼 돌고 돌다
눈을 감은 채 침대에 누운 그녀

무감각이 면역이다
자식 부모 남편 형제자매 집 이웃, 통장에 찍힌 숫자……
아무것도 생각나지 않는 그곳에서
사람들은 오랜만에 피정 온 듯 고요하다

그믐밤 같은 날들 지나고
구들에 온기 퍼지듯 몸에 피가 돌던 날

문득 그녀, 두고 온 집의 비밀번호가 생각나고
가족들 웃음소리 귓전을 울리고
이방인과 함께 춤추던 멕시코 여행길이 떠오르고
처음 맛본 이국 음식이 떠오르고
오뉴월 복달임이며 닭백숙이며 벌건 수박 속이 생각난다

무엇보다 종부 성사를 피하고
그 이상한 놀이터로 되돌아갈 수 있다는 것이
         —「이상한 놀이터」 전문

우리의 삶은 세상이란 놀이터에서 살고 있다. 그 놀이터에서 치료가 어려운 암에 걸려 풀잎같이 바싹 마른 여자가 누워 있다. 그런데 세상이란 놀이터가 이상한 놀이터라는 점이다. 이상하다는 것은 정상과는 다른 상태를 이른다. 보통과는 다른 의심스러운 것이 있다. 어떤 현상이 이미 가지고 있는 경험이나 지식으로 헤아리기 어려울 만큼 별남을 이른다. 정상의 반대다.

　우리에게 잘 알려진 『이상한 나라 앨리스』가 있다. 영국의 작가 루이스 캐럴(Lewis Carroll)이 앨리스 리델이라는 소녀와 그녀의 두 자매를 위해 지은 이야기이다. 단순한 동화를 넘어 철학적 메시지와 환상적 상상력이 담긴 작품이다. 인간존재의 주체성에 대한 탐색은 많은 것을 생각게 한다. 변화에 적응, 호기심, 권위, 성장과 자아 발견, 유머와 놀이, 무의식의 탐험 등은 이 작품이 지닌 교훈적 요소로서 시대를 초월하여 끊임없이 새로운 해석과 재미를 제공하고 있다.

　김 시인의 세상이란 놀이터는 "두고 온 집의 비밀번호가 생각나고/ 가족들 웃음소리 귓전을 울리고/ 이방인과 함께 춤추던 멕시코 여행길이 떠오르고/ 처음 맛본 이국 음식이 떠오르고/ 오뉴월 복달임이며 닭백숙이며 벌건 수박 속이 생각"나는 다분히 일상적인 평범한 곳이다. 카톨릭에서 마지막 숨을 거둘 때 행하는 종부성사(終傳聖事)를 피하고 되돌아갈 수 있는 놀이터는 현실적인 세계이다. 일상으로 돌아감은 희망이자 꿈이다. 여기까지는 현실과 꿈의 경계를 넘

나들던 모험이 강렬한 깨달음을 주어 삶에 대한 긍정적 생각을 갖게 한 이상한 나라의 앨리스와 다를 바 없다.

김 시인의 상황인식은 우리가 사는 세상을 이상한 놀이터로 파악한 데 있다. 죽음에 이르는 병이 있고, 불안과 공포에 떨어야 하며, 비극적 결말을 맞으면서도 살아야 하는 운명 지워진 존재. "가없는 그 놀이터에서 해지는 줄 모르던 넋이/ 병원 복도를 공원처럼 돌고"도는 본래적인 운명의 순환이 눈앞에 펼쳐진다.

질병과 죽음의 고통을 직시하고 이를 극복하려 하고, 극복해야 하는 자각의 노래를 김 시인은 거듭거듭 반복해서 보여 주고 경종을 울리고 있다. 떨치고 일어서는 이상한 놀이터가 아닌 정상적인 놀이터로서 파악한 것이 아닐까. 김 시인의 비극적 인식은 절망과 낙담으로 끝나는 것이 아니라 기쁨과 희망으로 나아가려는 의지의 표출이 아닐까.

2.

　온통 유리로 지어진 집이야/ 긴 머리를 푼 민소매 물고기 한 마리가 빨래를 널고 있어// 근데 왜/ 그 안이 궁금한가/ 궁금함은 왜 뒷발 들고 또 몸을 낮추게 하는가/ 요리조리 움직여 들여다보게 하는가// 햇빛을 퉁겨 내며 유리가 반짝거리는데/ 구름 몇 송이 유리에 발을 딛고 있는데/ 유리 속에는 새 한 마리 없는 가로수가 있는데/ 잠깐 생을 흘리며 지나가는 낙엽이 있는데// 바깥은 왜 바깥만 보여주는가/ 유리 두께가 습자지처럼 얇다면 우리는 무엇을 더 볼 수 있을까// 어둠이 슬금슬금 내려와/ 나무 이파리의 얼굴에 묻고 그림자에 몸을 묻으면/ 안은 살금살금 밝아지지/ 그러면/ 다시 기다란 형광등이 보이고/ 건조대에 걸쳐진 색색의 옷가지들이 보이고/ 산세베리아 하얀 화분이 보이고/ 상의를 벗은 채 양손으로 앞을 가린 여자가 보이고// 어항 속 물고기 한 마리 보려 했는데/ 왜 밖이 더 캄캄해져야 하는가

「왜 밝은 쪽에선 볼 수 없을까」 전문이다. 마치 유리로 지은 집 투명한 어항에도 속과 밖이 있는 것처럼 우리는 낮과 밤의 교체 속에 안과 밖을 보면서 산다. 밖의 세상은 눈을 뜨면 볼 수 있다. '바깥은 왜 바깥만 보여주는가'라고 할 정도로 우리의 눈은 밖에 머문다. 그러나 정작 보려고 했던 것은 쉽게 보지 못한다. 우리의 내면은 밖으로 나가는 시선을 안으로 돌렸을 때 비로소 보이기 시작한다.

"어항 속 물고기 한 마리 보려 했는데/ 왜 밖이 더 캄캄해져야 하는가" 안과 밖 유추하고 심화하면 어쩌면 색과 공의 세계가 아닐까. 형태가 있는 모든 물질적 현상을 色이라 하고 비어 있는 실체가 없음을 空이라고 한다(色卽是空). 무상하고 실체가 없는 본질(空)이 우리 눈앞에 구체적인 현상(色)으로 나타나고 있다(空卽是色). 따라서 모든 존재는 인연에 의해서 모였다가 흩어지기에 집착에서 벗어나면 자유로워진다.

「흐엉 씨의 두부」,「도마 앞에서」,「저 독한 냄새는 누구의 일인가」,「도루묵」,「흰 것들에 대하여」,「칼 이야기」,「두부」 등이 부엌과 연관된 작품들이다. 일부러 가려본 것은 우리 하루 일과는 부엌에서부터 시작하여 부엌에서 마치기 때문이다. 어느 때부턴가 요리와 트롯이 시각 매체를 점령하고 남녀 구분이 없이 앞치마 입는 것이 일상화된 상태이다. 특히 요리는 K푸드로 각광을 받고 있으니 그에 담긴 시적 편력도 해봄직 하다고 생각한다. 부엌에서는 모두가 진지해진다. 우리 몸의 일차적 욕구를 해결해야 하기 때문에, 아니 생명 유지와 직결되었기 때문에 더욱 그러하다.

    도마에서 두부를 자른다
    칼끝을 압력솥 쪽으로 놓고 자른다
    정수기 쪽으로 놓고 자른다

    어디로 놓고 자르든
    물컹한 두부도 각을 세운다

    칼 지나간 자리
    두 개의 선분이 맞닿은 곳

    꼭짓점이 두부의 말랑말랑한 각 같은 것이라면

    우리 식탁에 앉을 때 힘주지 말자

식탁이 물컹물컹할지도 모르니까

도마도 싱크대도
프라이팬도 반찬통도

두부처럼 말랑말랑한 각을 가졌을지도 모르니까
우리 칼 쥔 손에 힘을 빼자

그러면 우리 집 칼끝도 물컹한 모서리가 되어서
우리 집 칼로는 과일을 썰 수 없게 될까
두부밖에는 자르지 못하는 걸까

집 안의 모서리들이 모두 물컹해지면
식구들 모두 물컹해져서
흐엉 씨가 될까

—「흐엉 씨의 두부」 전문

우리나라도 바야흐로 다국적 시대로 접어들었다. 흐엉 씨는 베트남에서 온 사람. 흐엉 씨의 두부라고 해서 두부가 다를 바 없다. 단지 흐엉 씨가 요리하기 때문에 붙여진 이름. 순두부를 빼고 거의 모든 두부는 네모꼴로 각을 세우고 있다. 어디에 놓고 어떻게 자르든 각이 선다. 두부가 안고 있는 물렁한 각이 선다. 획을 지우는 단단할 것 같은 칼이 지나가서 두 선분이 맞닿은 곳, 말랑말랑한 각. 각을 지닌 식탁, 도마, 싱크대도 말랑말랑한 각을 가졌을지도 모르니까. 힘을 빼자 말랑말랑한 모서리가 서고 칼끝도 물컹한 모서리가 되고 식구들마저 물컹해져서 흐엉 씨가 될까. 흐엉 씨와 같은 사람이 될까. 알레고리에 의한 우의적 표현이 해학미를 자아낸다.

한번은 시골 식당에 가서 웃은 적이 있다. 베트남에서 온 주부, 주문한 식사를 마치고 나오는데 '안녕히 오세요'하고 인사를 한다. 생각해보니 안녕히 '가세요'나 '오세요'나 다름이 아닌 하나라는 생각이 들었다.

각은 모난 귀퉁이다. 두 직선의 한 끝이 서로 만나는 곳이다. 둘이 하나 되는 것이다. 국적이 뭐 그리 대수로울까. 사람은 다 같은 사람, 함께 어울려 물컹하게 사는 것 아닐까. 나도 누군가에게 의미 있는 존재가 될 수 있다는 가능성을 보여 준다. 둘 이상이 녹아서 하나가 되는 융합과 조화를 이뤄야 하지 않을까.

낸시 마이어스가 감독한 영화 《인턴》은 인생에서 일의 성공과 실패, 세대와 문화, 관계와 회복이라는 주제를 잔잔하고 따뜻하게 풀어내어 감동을 주었다. 한 사람의 성장만을 다루지 않고 함께 성장하는 관계의 이야기이기에. 스티브 잡스는 '창조는 서로 다른 것을 연결하는 융합'이라고 했다. 융합에서 새로운 것이 나오니까. 여기에 최재천은 통섭(統攝)이란 말로 생물학적 합침(통합)을 내세웠다. 합침에 의해 새로운 주체가 탄생하는 과정을 뜻한다. 마치 남남으로 만난 부부가 새로운 유전자 조합의 자식이 태어남과 같다.

흰색은 흰 것들의 자존심이다
흰 것에 묻은 것들은 모두 얼룩이다
어디 무슨 흔적이든 흰 것 속에서는
달팽이가 되고 깃털이 되고 앵두가 된다

흰 러닝
등 어깨 겨드랑이를 비누로 치대고
불룩한 배로 받치고 들렸던 자국에 비누를 더 문지르
고 치댄다
온갖 오물을 감쪽같이 지우고
새하얗게 만든다는 옥시크린 분말을 뿌린다

삶숙이 속에서 그것들이 펄펄 끓는다
얼룩이 열매 떨어지듯 제거되길 바라며
불길을 낮추고 불 밖에서 책을 읽는다

-새벽과 생각, 도깨비불, 딸기 냄새, 둔갑술,
모호와 애매, 즉흥으로 손뼉치기, 공동체-
가시와 비가시 사이……가 끓기 시작한다
부글부글 흰 거품을 만들며 얼룩들이 끓는다

나는 점점 책의 동굴로 들어간다 잿빛 섬에서
뭔가 뒤지고 찾고 먹고 얻는다

흰 것들은 끓다가 속을 하얗게 태우다
끝내 삶숙이에 눌어붙었다

흰 러닝셔츠의 목 어깨 등 배에 검은 점이 생겼다
달팽이도 깃털도 앵두도 새까매졌다

그릇 안에서 그릇 밖에서 탄내가 진동한다
―「흰 것들에 대하여」 전문

 흰색은 흰 것들의 자존심이다. 과거 우리 백성들은 흰옷을 즐겨 입었다. 백의민족, 벼슬하지 않은 평민들이 그랬다. 삶숙이의 실패담은 우리 삶의 실패담이다. 흰빛의 순수 그리고 빛의 상징성은 우리 정신의 이상이다, 장자에는 허실생백(虛室生白)이란 말이 나온다. '빈 방에 밝음이 생긴다.' '방이 비어 있어야 햇살이 들어와 환해진다.' 무념무상(無念無想)의 경지에 이르면 저절로 진리에 도달할 수 있음을 비유적으로 한 말이다. 흰白은 날日+삐침╱으로 햇살, 광명을 뜻한다. 이를 위해 치대고 옥시크린 분말을 뿌리고 펄펄 끓는다.―새벽과 생각, 도깨비불, 딸기 냄새, 둔갑술, 모호와 애매, 즉흥으로 손뼉치기, 공동체, 가시와 비가시 사이……가 끓기 시작한다. 부글부글 흰 거품을 만들며 얼룩들이 끓는다, 얼룩은 흰빛의 부정적 요소이다. 검은 점으로 오염되어 달팽이, 깃털, 앵두 같은 순수의 이미지가 새까맣게 물들었다. 삶의 징표인 그릇의 안팎에서 탄내가 나는 밖의 환경과 내면이 동시에 냄새로 물들었다. 김 시인의 상징에 의한 현실 인식은 앞의 비극적 상황인식의 연장선에 놓여 있다. 자신이 살고 있는 곳을 잿빛 섬으로 상정한 것은 당연한 귀결이다. 그러나 희망이 있는 것은 "나는 점점 책의 동굴로 들어간다 잿빛 섬에서/ 뭔가 뒤지고 찾고 먹고 얻는다"고 한데 있다. 지식과 지혜 깨달음을 모색하는 자각적 자세가 삶을 받쳐 주고 있다.

3.

목련이 훤하게 마당을 밝힌 적 며칠 있고 봉우리째 진 목련 뒤에 벚꽃이 몽실몽실 벌어져선, 어느 바람에 사라지는 얄팍한 꽃잎이 있고 밥 끓는 소리 있다. 지리산 꼭대기에서 양손 입에 대고 소리 지르며 올라온 발자국을 뒤돌아보는 시간이 있고 밥 끓는 소리 있다. 폐렴으로 종합병원에 간 종식이 형, 달력 한 장 뗐을 뿐인데 꽃이 되어 산으로 갔다는 소식이 있고 밥 끓는 소리 있다. 논물 보러 가는 길 언덕에서 제비꽃들하고 놀다가 발을 삐친 봄소식이 있고 밥 끓는 소리 있다. 대학 졸업하고 몇 년째 취업 준비한다는 한 청년의 한숨이 있고 밥 끓는 소리 있다. 말더듬이 미순이는 두 살 연하 남자와 결혼했고 그때 동네 사람들 다 모여 국수를 돌돌 말아 먹으며 동네가 떠나가도록 축하했다는 소문이 있고 밥 끓는 소리 있다. 겨울이 두 번째 다가

올 때 이란성 쌍둥이를 낳아서 그 동네가 한낮처럼 밝아지고 밥 끓는 소리 있다. 팔순 할머니는 제주도에서 말 타고 찍은 사진 속 빨간 입술만큼 마음이 들떠 있고 밥 끓는 소리 있다, 꽃이 피고 지고 네 번을 돌고 돌아 낙엽 뒹구는 어느 날 장례식장에 사람들을 모아 국밥을 나눠주고 신발을 벗은 날, 그 쌍둥이는 영롱한 눈망울을 굴리며 국밥을 먹고 밥 끓는 소리 있다.

   수세기 끊어지지 않는 굴곡이 있다.

—「밥 끓는 소리」 전문

부엌에는 소리가 산다. 그릇 부딪는 소리, 도마 위에 식재료 자르는 소리, 물 내리는 소리, 냉장고 문 여닫는 소리, 포터 물 끓는 소리 등 여러 가지 소리가 산다. 부엌은 소리의 집합처다. 많은 소리 중에서도 밥 끓는 소리가 으뜸이다. 마치 개울물 흐르는 소리 같다. 처음에는 먼 곳에서 흘러오는 들릴 듯 말 듯 여린 소리로, 가까이 올수록 소리가 커지고 마침내 돌자갈 깔린 데를 흐르는 와자지껄한 소리를 내다가 차츰차츰 잦아지는 소리, 나중에는 소리가 없다. 밥 끓는 소리는 엄마 소리다. 제일 듣기 좋은 생명의 소리다. 구수한 냄새가 나는 자연의 소리다. 자연의 소리는 소리의 원형으로 어디에도 있다.

「밥 끓는 소리」는 김 시인 시의 특성을 잘 드러낸 작품 중의 하나이다. 목련이 지고 벚꽃도 몽실몽실 번 뒤에 사라지는 얄팍한 꽃잎, 지리산 꼭대기서 환성을 지르며 올라온 발자국을 돌아보는 시간, 폐렴으로 종합병원에 간 종식이 형이 산으로 갔다는 소식, 논물 보러 가는 길 언덕에서 제비꽃들하고 놀다가 발을 삐친 봄소식. 대학 졸업하고 취업 준비하는 청년의 한숨, 말더듬이 미순이 두 살 연하의 남자와 결혼 동네 사람들 모여 국수를 말아 먹으며 축하했다는 소문, 두 번의 겨울이 다가올 때 동네가 밝아진 이란성 쌍둥이의 출생, 할머니 제주도 가서 말 타고 찍은 사진 속 빨간 입술만큼 들떠 있는 마음, 4년 뒤 낙엽이 뒹구는 어느 날 장례식장에 사람들을 모아 국밥 나눠주고 신발을 벗은 날, 쌍둥이 영롱한 눈망울을 굴리며 국밥 먹는 때 밥 끓는 소리 있다.

밥 끓는 소리는 어디에도 있다. 중첩되는 각기 다른 이미지와 함께 밥 끓는 소리는 있다. 밥 끓는 소리에 수반된 이미지의 확산과 나열은 관계 지움의 양태를 보여 준다. 각각 독립되었으면서도 투망처럼 연결되어 하나의 세계를 이룬다. 천지자연의 운행에 자연의 이법이 작용하듯 고리처럼 연결되어 폭넓은 시 세계를 구축한다. 단조롭지 않은 만화경의 세계에서 가멸찬 여유를 누리게 된다. 무엇보다 믿음이 가는 것은 영롱한 눈망울을 굴리며 국밥을 먹는 쌍둥이의 모습이다. 밝은 미래를 상징하기 때문이다.

이 같은 이미지의 생성은 필연적인 인과적 결과로써 흡인력을 가진다. 의식의 형상화로 사실적 현장감을 느끼게 한다.

　　버스가 떠나기 직전에 건네주는 빵은 안녕의 다른 말

이다
　빵이 담긴 가방을 주고받는 손이 가까울 때
　서로의 눈빛에 눈빛이 닿아 머무른다

　(중략)

　촉촉한 눈과 눈꺼풀 사이에 있을 것이다
　내일 첫 만남을 기다리는 오늘 밤처럼 설레는 곳에 있을 것이다
　땀범벅이 된 노동자의 아침과 점심 사이에도 있을 것이다

　마지막 생이 깃든
　묘지처럼 부풀어 오른 빵

　　　　　　　　　　　　　　—「빵」부분

　여행할 때 떠나기 전에 받는 빵은 안녕의 다른 말이다. 잘 가라는 또는 무사히 도착하라는 뜻이 담겼다. 빵 봉지를 건네받는 순간의 먹먹함 속에 따뜻한 인정의 물결이 흐른다. 빵과 함께하는 여행, 빵이 있기까지의 추적은 흥미로운 시간이다. 머무르지 않는 김 시인의 시의 기법 이미지의 변형은 밀가루가 숙성되는 시간으로 촉촉한 눈꺼풀 사이에 있고, 첫 만남의 기다리는 설렘에 있고, 땀 범벅이 된 노동자의 아침과 점심 사이에 있을 것이라고 했다. 달고 부드러운

빵 맛은 단순히 미각의 즐김에 있는 것이 아니라 땀 흘리는 삶의 현장에 있는 것이다. '마지막 생이 깃든 묘지처럼 부풀어 오른 빵'으로, 이럴 때 빵은 생의 희노애락과 영고성쇠(榮枯盛衰)가 깃든 오브제로 남는다. 어쩌면 비극적 비유라고 하겠으나 결코 가볍지 않은 사유를 끌어낸다.

    모서리 없는 무를 자르다
    무딘 칼에 손을 다쳤다
    칼을 버릴까 하다가
    벼려 쓰기로 했다

    숫돌에
    한 면을 대고 밀었다 당겼다 하는데
    다른 면도 같이 밀렸다 당겼다 한다
    양날을 다 벼리는데
    석양을 끌고 흐르는 시냇물 소리 들리기도 했다

    칼날은 별의 눈꼬리처럼 예리해졌는데
    칼이 지나간 자리마다
    숫돌에 묻은 저 날카로운 것들

    따뜻한 손으로 어루만져도 지워지지 않고
    물로 씻어도 씻겨나가지 않는
    저 떨어져 나온 몸

—「관계」 전문

  무를 자르려다 무딘 칼에 손을 다치고, 칼을 버리려다가 숫돌에 버려 쓰기로 했다. 숫돌에 칼을 갈면 서로 갈리면서 날이 선다. 서로 밀리고 당기어 몸이 닳는 아픔을 겪는다. 그래서 시냇물 흐르는 세월의 소리가 들린다. 그런데 칼날은 날카로워졌으나 숫돌에 남은 미세한 조각들, 반짝이는 운모같이 떨어져 나온 몸. 이렇게 숫돌과 칼은 밀접하게 관계되어 있다. 칼과 숫돌의 만남은 필연으로 서로가 닳는 희생에 의해 예리함을 주는 관계다. 이처럼 정이 통하는 두 사물의 관계는 나뭇가지처럼 벋어 튼튼한 시 구성으로 이어진다.

  존재하는 모든 것들은 상호관계를 맺고 있다. 달리 말하면 어떤 상태에서 다른 상태가 필연적으로 일어나는 원인과 결과의 법칙으로 인과(인과율, 인과성)가 있다. 인과응보, 이 세상에는 우연한 것은 존재하지 아니한다. 그 사이에는 인연의 법칙이 작용한다. 불교의 연기설이다. 김 시인의 이미지 전개는 이러한 내적 과정을 거침으로써 더욱 선명하게 사실성을 획득하게 된다.

  흔히 일컫기를 서양의 사유는 존재론적 성향이 강하고 동양적 사유는 관계론적 성향이 강하다고 한다. 존재론이 존재의 본질에 대한 탐구라면 관계론은 존재하는 것들의 상호작용을 바라보는 개념이다. 따라서 서양은 자유와 개인주

의가 득세했으며 동양은 인간을 중심으로 인간, 사회, 자연에까지 관계망이 형성된다.

가령 난재채수문학상 수상작인 「열정 3악장」에서 보호라는 명목의 그 촘촘한 우리에 갇힌 나와 우리를 관장하고 있는 부모(예상)와 베토벤의 피아노 소나타 23번과 삼각의 빨간 표지판들은 연상에 의한 관계가 이뤄짐으로써 완성된 작품이다. 김 시인의 특징적 시법이 잘 담겨진 이러한 성향은 그가 열어갈 시 세계의 확장과 심화로 연결되어질 것이다.

김 시인의 시는 창의적인 상상력으로 다양한 이미지의 밀접한 연계와 확대를 통해 가멸찬 시 세계를 펼쳐준다. 인간의 본래적 운명과 우리 시대의 병적 현상에 대한 적확한 상황인식으로 비극적 삶의 시적 승화에 공헌하고 있으며, 인과론의 관계에서 골격을 튼튼하게 하고 건강한 융합의 시를 보여준다.